MEMOIRE

ADRESSÉ

A M. LE MINISTRE DES FINANCES.

IMPRIMERIE DE GUIRAUDET,
RUE SAINT-HONORÉ, N° 315.

MÉMOIRE

ADRESSÉ

A M. LE MINISTRE DES FINANCES,

SUR LES

SECOURS A DISTRIBUER AU COMMERCE

ET A L'INDUSTRIE,

D'APRÈS LA LOI QUI LUI ALLOUE POUR CET OBJET UN CRÉDIT DE TRENTE MILLIONS.

PARIS,

CHEZ DELAUNAY, LIBRAIRE.

PALAIS-ROYAL.

1830.

MEMOIRE

ADRESSÉ

A M. LE MINISTRE DES FINANCES.

MONSIEUR LE BARON,

Fort de l'expérience de plus de trente années d'une carrière commerciale parcourue avec honneur, appuyé par des avis éclairés, et soutenu d'ailleurs par l'idée que je remplis un devoir, j'ose vous adresser quelques vues sur l'exécution de la loi que vient de rendre la Chambre des députés, en vous accordant un crédit de trente millions pour venir au secours du commerce et de l'industrie.

Déjà, dans un mémoire préparé pour la commission, mais qui n'a pu lui être remis à temps, j'avais indiqué les changements qu'il me paraissait indispensable de faire au projet de loi soumis à la Chambre des députés. Je demandais qu'une compagnie, qui était toute prête, et dont j'étais l'organe, fût intermédiaire entre le gouvernement et les emprunteurs. J'y trouvais l'extrême avantage de simplifier l'exécution du dessein que devait se proposer le gouvernement, en garantissant les avances faites au commerce; mais alors il ne s'agissait que d'une *garantie* à donner. La Chambre des députés, dans des vues plus libérales, vous a généreusement ouvert, Monsieur le baron, un crédit *effectif* de trênte millions. Il ne s'agit donc plus que d'en régler l'emploi de la manière la plus utile poure commerce et la plus sûre pour le gouvernement: tel est l'objet de ce Mémoire.

Avant d'entrer dans le développement des idées que j'aurai l'honneur de vous soumettre à ce sujet, il est convenable de jeter un coup-d'œil sur notre position commerciale, de tâcher de l'apprécier, et de connaître par conséquent les causes du mal, afin d'y apporter, s'il est possible, un remède efficace.

On se tromperait beaucoup si l'on attribuait à la dernière révolution les embarras qu'éprouve le commerce. Dans l'exposé des motifs du projet de loi que vous avez présenté à la Chambre, vous avez vous-même reconnu, monsieur le baron, que le mal dont se plaint le commerce est déjà ancien. Selon moi, c'est à deux causes essentielles qu'il faut l'attribuer: d'abord au défaut d'une protection efficace et éclairée, ensuite au défaut de capitaux. En effet, le dernier gouvernement promettait beaucoup et agissait peu; ses intentions paraissaient bonnes, et il n'en résultait aucun effet. Après s'être engagé dans une guerre ruineuse, pour soutenir la cause d'un roi voisin, il n'en avait retiré aucune espèce d'avantage pour notre commerce et notre industrie. Après avoir reconnu tacitement les républiques nouvelles de l'Amérique, il n'osait encourager les armements, en traitant avec elles et en nous y faisant protéger. Nos relations avec les Etats-Unis, qui nous devaient tant, étaient devenues ruineuses, faute d'avoir su convenir d'un système de réciprocité. Nos relations avec l'Angleterre même n'étaient plus utiles pour nous, par suite du déplorable système restrictif qu'on avait cru devoir adopter, système tellement contraire à la prospérité du commerce, qu'il suffisait seul pour l'anéantir. Il en est d'abord résulté la langueur de nos opérations maritimes ou de nos exportations, sans lesquelles nos produits industriels et agricoles, ne trouvant plus de débouchés, s'encombrent et s'accumulent sans trouver d'acheteurs, et par conséquent sans pouvoir être d'aucun secours pour le producteur.

A cette cause déjà trop grave est venu se joindre le retrait des capitaux des affaires industrielles, qui, ne donnant plus de *bénéfices*, ont bientôt dégoûté les capitalistes, attirés par la hausse sans cesse croissante de nos fonds publics, qui, malgré que l'on en puisse dire, n'était pas un signe de prospérité, puisqu'il a suffi de simples appréhensions, que rien ne justifie heureusement, pour en faire tomber le cours de plus de 25 pour 0/0. Il n'est que trop évident que ce cours élevé n'était que le résultat de l'abondance des capitaux employés à l'achat de fonds que l'on supposait devoir monter à peu près au pair, d'après la puissance de l'énorme amortissement qui les soutenait. Mais ces capitaux avaient été enlevés au véritable commerce et à l'industrie, c'est-à-dire qu'ils n'y étaient plus employés, et que le besoin d'argent, qui est le mal le plus cruel qu'un manufacturier puisse éprouver, était devenu général dans les affaires industrielles. Rien ne le prouve mieux que la baisse des prix de nos produits fabriqués et de nos produits agricoles à un taux bien inférieur à celui qu'ils avaient coûté.

Aussi nos manufactures étaient-elles presque toutes dans l'état le plus alarmant lorsque la révolution de juillet a eu lieu, et l'on peut dire avec raison qu'elle n'a fait que précipiter la crise commerciale qui se préparait.

Comme il arrive toujours dans toutes les crises politiques, l'argent s'est resserré encore, et dans les premiers jours du mois d'août il était presque impossible de s'en procurer en échange des meilleures valeurs de portefeuille et en marchandises. C'est alors, il faut le dire, que le secours que le gouvernement donne aujourd'hui aurait été tout-à-fait opportun et vraiment efficace : car il serait difficile d'imaginer les heureux effets d'un appui donné à propos, pour empêcher, s'il est permis de parler ainsi, le premier chaînon des affaires de se rompre, puisque les autres en dépendent. Cette opportunité avait été sentie. Malheureusement, comme il n'arrive que trop souvent, on a perdu beaucoup de temps en consultations et en examens de projets. Si la détermination de la Chambre avait été prise à l'époque dont je viens de parler, elle aurait prévenu bien des malheurs, qu'on ne saurait trop déplorer; mais ce sont ces malheurs qui lui ont peut-être appris une situation dont ceux qui sont heureusement éloignés des affaires n'ont pas toujours l'idée.

Il ne faut pas cependant se dissimuler que le secours, quoique tardivement accordé, peut encore être de la plus grande utilité, s'il est habilement et promptement employé, et surtout s'il est accompagné d'un système de protection qu'on ne saurait trop recommander. C'est par ce système que la Hollande d'abord, et l'Angleterre ensuite, sont parvenues au faîte de la puissance commerciale, et que la dernière a pu un instant donner des lois à tout l'univers. Nous avons plus qu'elle un territoire favorisé de tous les dons de la Providence, et une population ardente et capable de tout ce qui est bien; nous parviendrons aux mêmes avantages par les mêmes causes : un gouvernement vraiment national nous en donne l'heureux augure, et le commerce y met toute sa confiance.

Dans le système de garantie offerte d'abord par le gouvernement, j'avais pensé qu'il était indispensable qu'une compagnie fût intermédiaire entre lui et les emprunteurs, et, dans le mémoire que je devais remettre à la commission, j'en développais les avantages pour l'exécution du plan du gouvernement; mais, certes, je ne pouvais me dissimuler les inconvénients qui devaient résulter de son exécution pour les emprunteurs, qui auraient payé encore trop cher le secours qui leur aurait été procuré par ce moyen, puisque, d'après le plan de la compagnie dont j'avais l'honneur d'être l'organe, elle ne pouvait prêter à moins de 7 pour 100, sur dépôt, pour pouvoir s'indemniser de ses frais, et jouir d'une rétribution convenable et proportionnée à ses travaux et à ses soins; et il faut dire pourtant que l'emprunteur y trouvait encore un avantage considérable, puisque les avances qu'on lui fait sur dépôt de marchandises ne lui coûtent guère moins de 12 pour 100 par an, savoir :

6 pour 100, d'intérêt ;
4 pour 100, de commission et ducroire (garantie de l'acheteur) ;
1 1/2 pour 100 commission de banque ;
1/2 pour 100 frais et magasinages.

12

J'appelais donc de tous mes vœux un système plus généreux, plus convenable à l'esprit d'un gouvernement protecteur des citoyens, et, grâce à la Chambre, il a été proclamé ! Il ne reste plus qu'à déterminer le mode d'exécution. A cet égard, Monsieur le baron, bien des plans vous seront sans doute présentés; on ne manquera pas probablement de faire revivre le projet d'une Caisse d'escompte du commerce dont le plan a été publié. Mais, tout en rendant justice aux vues de l'auteur, on doit lui objecter avec raison que l'argent ne manque jamais à Paris ni ailleurs pour les valeurs *reconnues bonnes*, et que le gouvernement ne doit pas faire escompter les mauvaises, et surtout les valeurs dites *de circulation*, c'est-à-dire celles créées sans transactions réelles. Escompter des valeurs de portefeuille, c'est aider sans doute ceux qui les possèdent, mais ce n'est rien faire pour le manufacturier et l'agriculteur qui ne trouvent pas à se défaire de leurs marchandises et de leurs récoltes. Voilà, à ce qu'il me semble, le commerce que la Chambre des députés veut aider ; et, d'après les idées que j'ai depuis long-temps conçues sur cette matière, il me semble que la création d'une *Banque de prêt sur dépôt* de marchandises est le meilleur moyen d'arriver au but que l'on se propose.

On objectera peut-être que cette banque existe

par la création du *Mont-de-Piété;* mais je combattrai bien facilement cette assertion, en opposant le système que j'aurai l'honneur de vous exposer successivement à celui qui a fondé le Mont-de-Piété, qui ne fait pas payer moins de *douze pour cent* aux malheureux qui sont réduits à faire usage de ses ruineux secours. Voici le plan que j'ai l'honneur de soumettre, Monsieur le baron, à vos méditations éclairées. J'en développerai successivement les motifs.

STATUTS GÉNÉRAUX

'UNE

BANQUE DE PRÊT

SUR

DÉPOT DE MARCHANDISES.

—

ART. 1er.

Il sera créé à Paris, sous la surveillance immédiate de M. le ministre des finances, une Banque de prêt sur dépôt de marchandises et autres valeurs commerciales.

ART. 2.

Elle prendra le nom de *Banque nationale de prêt sur dépôt*.

ART. 3.

En vertu du crédit ouvert par les Chambres à M. le ministre des finances, elle sera dotée de trente millions en bons du Trésor, créés à diverses échéances à mesure de ses besoins.

ART. 4.

Sa durée sera permanente jusqu'à révocation.

ART. 5.

Son personnel sera composé :
D'un directeur,
De trois administrateurs,
D'un caissier responsable,
D'un commissaire du gouvernement,
Et des employés nécessaires.

ART. 6.

Les opérations de la Banque consisteront à prêter les trois quarts de la valeur, à dire d'experts, des marchandises ou autres valeurs qui lui seront déposées. Elle pourra aussi, par exception, prêter la moitié de la valeur des usines sur lesquelles il lui sera consenti une *première hypothèque;* mais cette valeur ne devra jamais être estimée au-delà du prix présumé de réalisation de l'usine et de ses accessoires, *comme cas de vente par expropriation.*

ART. 7.

Les emprunteurs sur dépôt de marchandises paieront à la Banque :

5 pour 100 d'intérêt par an sur la valeur du prêt, et les frais de vente si la Banque réalise elle-même les dépôts.

ART. 8.

Les emprunteurs souscriront à l'ordre de la Banque des engagements à trois mois pour la valeur du prêt. Ces engagements seront renouvelés pendant la durée convenue des avances. La Banque pourra disposer de ces engagements sous sa garantie et dans une proportion déterminée.

ART. 9.

La Banque aura des agences dans les villes de Bordeaux, Strasbourg et Nantes, et elle fournira à ces divers comptoirs les sommes nécessaires dans la proportion de sa dotation, pour y aider le commerce, l'industrie et l'agriculture.

ART. 10.

Tous les paiements de la Banque au-dessus de 500 fr. se feront en bons au porteur à *deux jours de vue*, pendant que durera le privilége de la Banque de France. Dès que ce privilége aura cessé, la Banque de prêt sollicitera du gouvernement l'autorisation d'émettre des billets payables à vue.

Telles sont les bases générales du système que je propose, Monsieur le baron. Je vais en développer par ordre les motifs, les conséquences et les avantages.

Les art 1, 2 et 3, s'expliquent d'eux-mêmes. Dans mes considérations préliminaires, j'ai affirmé que je ne voyais qu'un moyen à employer pour arriver au but que se propose le gouvernement, et que c'était la création d'une *Banque de prêt sur dépôt.* En effet, un établissement de ce genre, richement doté et sagement administré, a été de tout temps l'objet de mes vœux et de ceux de bien des commerçants; et je ne conçois pas, je l'avoue, que le gouvernement n'en ait pas senti l'extrême nécessité, qui aurait prévenu bien des crises et bien des malheurs. Il ne faut jamais perdre de vue que toutes les crises commerciales n'ont lieu que parce que les capitaux sont subitement retirés des affaires; et par capitaux il faut entendre non seulement l'argent effectif, mais encore les valeurs de circulation, qui deviennent dans les affaires une véritable monnaie, bien préférable même, quand elle est solide, à la monnaie d'argent. Les appréhensions, de quelque nature qu'elles soient, font sur-le-champ suspendre les achats et les crédits, et ce défaut subit de circulation précipite la crise, et fait naître les malheurs dont nous avons été si souvent témoins. Créer un établissement qui rétablisse cette circulation quand elle viendra à cesser par une cause quelconque sera donc procurer au commerce, à l'agriculture et à l'industrie, le plus signalé service qu'on puisse leur rendre, puisque tous leurs embarras ne peuvent provenir que d'un arrêt dans la circulation.

Cette vérité est tellement évidente qu'on peut la

proclamer comme un *axiome*, et c'est en connaissant, comme je l'ai déjà dit, la véritable cause du mal, qu'on peut y apporter un remède efficace.

On objectera peut-être que le moyen de secours que je propose sera plutôt *préventif* qu'*immédiat*, et que le commerce souffre trop pour qu'on ne s'occupe pas immédiatement à lui donner les secours qu'il réclame, sans attendre qu'on ait organisé un établissement qui les lui donne, et qui encore ne prêtera qu'à ceux qui ont des valeurs réelles à donner en garantie; mais j'opposerai à cette objection, si elle est faite :

1° Que l'organisation d'une Banque de prêt sera plus prompte à faire que toute autre organisation administrative dans chaque département, dont les commissions devront nécessairement s'entendre avec M. le ministre des finances, et probablement recourir à son autorisation;

2° Que l'intention de la Chambre des députés est, avec raison, qu'on ne prête qu'*avec sûreté*, et que le seul moyen pour arriver à ce but est d'employer des agents éclairés, capables, qui ne peuvent être mieux choisis que par une administration spéciale et *accoutumée aux affaires commerciales.*

3° En proposant de rendre l'établissement permanent jusqu'à révocation, j'ai l'idée qu'il doit être sans cesse à la disposition du commerce, afin que sans cesse il puisse prévenir les crises. Si l'on objecte qu'il ne sera plus utile quand les crises seront passées, je répondrai qu'un établissement qui prêtera à *bon marché* sera toujours préféré aux maisons qui prêteront plus cher, et que trop souvent le peu de solidité de celles-ci, leurs caprices, leur exigence, rendent leurs services beaucoup trop chers à ceux qui se respectent. Mais quand l'établissement que je propose n'aurait d'autre utilité que d'être à portée de venir au secours du commerce au moment de ces crises qui ne se rencontrent que trop souvent, il serait encore d'une utilité telle, que quelques sacrifices, s'ils étaient à faire, ne devraient certes pas entrer en balance avec les vues larges et libérales dont le gouvernement paraît animé; mais je suis très persuadé que ces sacrifices n'auraient pas lieu, et que l'établissement permanent aurait les résultats les plus avantageux et les plus heureux.

J'ajouterai que, la dotation de la Banque n'étant qu'un *crédit*, le gouvernement n'aurait à faire que des avances proportionnelles aux affaires de la Banque, et que, ces affaires venant à diminuer, les fonds inoccupés rentreraient dans les caisses du *Trésor*.

L'art. 5, relatif au personnel, s'explique de lui-même, et d'ailleurs il pourra être modifié, d'après les vues de M. le ministre des finances. Cette administration devra être, selon mes vues, très peu coûteuse. En général les emplois de l'administration sont trop rétribués. Certes on trouvera facilement quatre administrateurs éclairés et capables, qui se contenteront d'un traitement de *six à douze mille francs*. Le caissier et le commissaire du gouvernement ne devraient pas recevoir plus de quatre à cinq mille francs. Quant aux employés, on ne les prendrait qu'à mesure des affaires.

Par l'article 6 je crois être rentré tout-à-fait dans les vues de la Chambre relativement à la sûreté des prêts. Avec raison elle ne veut point compromettre les fonds des contribuables, tout en rendant service au commerce : ce scrupule est trop respectable pour qu'on n'y ait pas égard.

J'ai pensé que ce n'était que par *exception* qu'on devait prêter sur les immeubles estimés à leur valeur *de vente forcée ;* cependant cette exception doit être admise, parce qu'elle peut avoir un très grand degré d'utilité dans certaines circonstances.

On concevra facilement tout le développement qu'il y aura à donner à cette partie des statuts de la Banque.

L'article 7 fixe les conditions du prêt. D'après ce que j'ai dit dans mes considérations préliminaires, elles sont d'un avantage tel pour l'emprunteur, en les comparant à celles en usage dans le commerce, qu'il ne pourrait pas se plaindre qu'on lui fasse payer trop cher les services qu'on lui rendra. Cependant il serait très imprudent de ne rien percevoir, comme quelques membres de la Chambre paraissent l'avoir entendu, par un mouvement de générosité. C'est le commerce entier qui a droit à la sollicitude du gouvernement, qui ne peut aider seulement les victimes de spéculations malheureuses ou hasardées, et ce serait favoriser cette classe que de prêter de l'argent *sans intérêt.*

D'après l'article 8, les emprunteurs devront souscrire à l'ordre de la Banque des obligations à trois mois, qui seront renouvelées pendant la durée du prêt, et la Banque pourra disposer d'une partie de ces engagements sous sa garantie.

Cette partie de mon système a besoin d'un développement qui mérite quelque attention. Comme je l'ai dit, en proposant de créer un établissement de secours pour le commerce, je pense qu'il est indispensable de le rendre permanent pour qu'il soit utile; mais cette utilité serait peut-être restreinte si cet établissement était réduit aux capitaux dont il sera doté. J'ai donc pensé qu'il devait avoir les moyens de s'en procurer d'autres au besoin, et que le meilleur moyen était de rendre disponibles les garanties mêmes des créances des valeurs qui les représentent, et dont la Banque pourra faire usage dans une proportion qui sera déterminée.

Il est hors de doute que des valeurs ainsi garanties, et appuyées par une dotation de *trente millions*, appelleront la confiance des capitalistes, et je ne pense pas que la Banque de France elle-même se refusât à faire des avances à la Banque de prêt sur leur dépôt. On verra dans mon résumé quel avantage je me promets de cette circulation, si elle a lieu.

L'article 9 stipule que la Banque aura des agences dans les villes de Bordeaux, Strasbourg et Nantes. En effet ce n'est pas seulement le commerce de Paris qui réclame un appui, la Banque doit le soutenir partout où il sera nécessaire; et c'est dans ce but que je propose l'établissement de ses agences sur les points qui m'ont paru le plus utile.

Paris correspondra facilement avec nos villes du Nord, comme Rouen, le Havre, Saint-Quentin, Amiens, Lille, etc.

Bordeaux est à peu près le centre des besoins du midi, d'autant plus que Marseille et Lyon sont heureusement dans une situation qui n'exige point d'appui. L'agence de Strasbourg offrira le sien aux nombreuses et intéressantes fabriques de l'ancienne Alsace, qu'il est si utile de soutenir; et Nantes sera à portée de tous les départements de l'Ouest. Avec ces quatre directions je pense qu'on pourra suffire à tous les besoins, et d'ailleurs rien n'empêchera de multiplier les agences.

L'article 10, qui stipule que tous les paiements de la Banque au-dessus de cinq cents francs se feront en bons au porteur, à deux jours de vue, est une conséquence du système de circulation que je désire voir créer, et que je propose d'établir. En effet, ce qui constitue, comme on le sait, une véritable Banque, c'est l'émission de ses billets, qui multiplient indéfiniment son capital, d'après la confiance qu'on leur accorde. L'émission de ceux de la Banque de prêt, même en bons à deux jours de vue, en attendant qu'elle puisse émettre de véritables billets de Banque, augmentera donc son capital, donnera de nouveaux aliments à la circulation, et complètera le vaste système de secours que le gouvernement devrait adopter, selon moi.

D'après les usages pour les paiements, dans le commerce des marchandises, je suis très convaincu qu'une forte partie des bons à deux jours de vue restera dans la circulation. Le crédit accordé par le gouvernement pourra donc être réduit dans la proportion; ou, s'il arrive qu'il soit épuisé et que la Banque ait besoin de nouveaux capitaux, c'est que les besoins du commerce auront été beaucoup plus considérables qu'on ne l'avait pensé. On ne peut sortir de cette alternative.

Tels sont les principaux développements du système que je vous propose, monsieur le baron, d'adopter. Certes, cette matière est si féconde, qu'il serait facile de les étendre beaucoup davantage; mais le temps presse, et il suffira peut-être d'avoir indiqué des bases générales pour me faire comprendre. Si l'on adopte le système de prêt que je propose, je crois qu'il en résultera un bien infini pour le commerce, qui a toujours manqué de secours effectif lorsqu'il en avait besoin; et je pense que ce système, bien conçu et bien appliqué, loin de devenir onéreux pour le gouvernement, pourrait être profitable au Trésor public. En effet, qu'on suppose seulement l'emploi d'un crédit de vingt millions: certes l'état, en ayant le capital bien garanti, se contenterait d'un intérêt de 3 pour 0/0, ci. . . . . 600,000 fr.

Mais, en admettant que la Banque de prêt négocie seulement la moitié des engagements des emprunteurs, elle aura à ajouter au capital

employé de.	20,000,000 m.
environ.	10,000,000
Et si l'on suppose qu'il reste seulement en circulation 1/10 des bons à vue donnés en paiement, elle aura encore à ajouter à ce capital. .	3,000,000
Son capital employé serait donc de.	33,000,000 m.

Et elle recevrait des emprunteurs, en ne comptant que les intérêts, sans commission, 1,065,000 f.

On a vu que le gouvernement n'avait à recevoir en intérêt que	600,000
Il resterait donc une différence ou bénéfice de.	1,050,000

pour payer les frais et fonder une amortissement, si le gouvernement pensait à ce moyen d'éteindre ses avances.

Je sais très bien que les choses ne se passeront pas précisément comme je les indique dans cet exemple ; mais il suffira de dire et de comprendre qu'on peut approcher plus ou moins de ce résultat pour sentir toute l'influence et tout l'avantage d'un système de circulation, qui tendrait sans cesse à créer de *nouveaux capitaux*.

Au reste, je livre ces idées aux méditations des négociants et des administrateurs qui me liront, et je m'honorerai d'avoir provoqué une discussion qui pourra m'éclairer moi-même si je me trompe. Animé du plus ardent désir de voir la prospérité de mon pays, j'ai dû chercher dans les leçons de mon expérience et de mes constantes méditations le moyen d'y concourir aussi, puisque jusqu'ici je n'ai pu le faire que par des vœux sincères. J'en saisis l'occasion, en vous adressant ce Mémoire, Monsieur le baron, et vos intentions si connues me sont un sûr garant que vous voudrez bien vous en faire rendre compte et en apprécier les principes.

ÉMILE LAFFON-LADEBAT.

Paris, le 10 octobre 1830.

www.ingramcontent.com/pod-product-compliance
Ingram Content Group UK Ltd.
Pitfield, Milton Keynes, MK11 3LW, UK
UKHW020455220726
13923UKWH00006B/2567

9 782019 279295